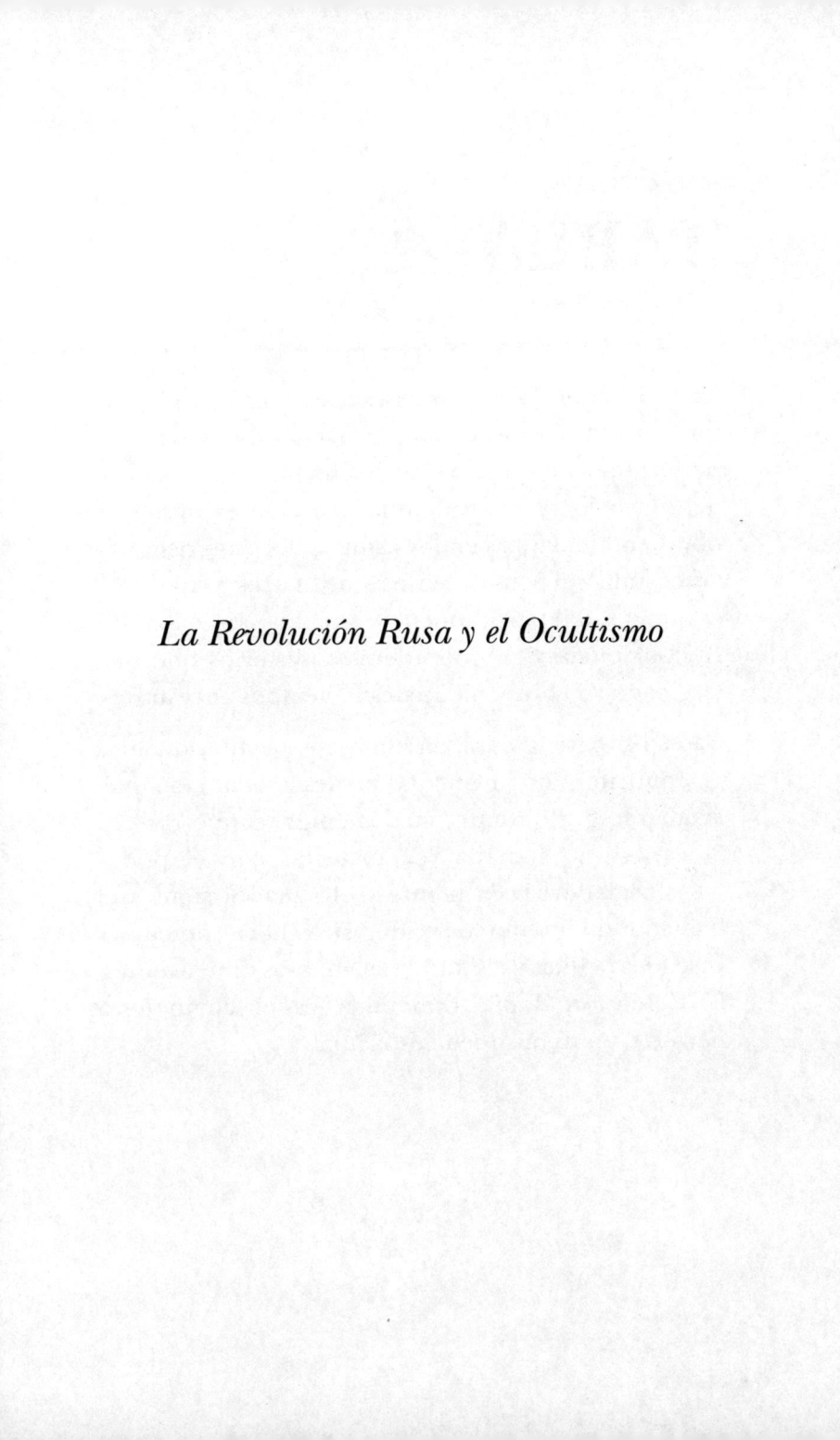

La Revolución Rusa y el Ocultismo

colección
TABLA
ESMERALDA

La Colección Tabla Esmeralda es mucho más que una serie de libros: es una invitación a descubrir tu poder interior y a explorar los secretos más ocultos del universo. A través de una selección exquisita de obras emblemáticas en los campos del esoterismo, la autoayuda y el pensamiento espiritual, esta colección está pensada para aquellos que buscan expandir su conciencia y comprender los misterios que han fascinado a la humanidad desde tiempos ancestrales.

Cada libro te guiará en un viaje profundo hacia el conocimiento místico y el desarrollo personal, ayudándote a desentrañar los enigmas que rodean la existencia humana y a conectar con el poder transformador de la mente y el alma. Si sientes el llamado de lo desconocido, si anhelas descubrir verdades ocultas y elevar tu ser a nuevas dimensiones, la Colección Tabla Esmeralda es el compañero perfecto en tu búsqueda espiritual.

DULCE MARÍA ALCARAZ

LA
REVOLUCIÓN
RUSA
Y EL
OCULTISMO

ALCARAZ
EDICIONES

© Alcaraz Ediciones, 2024
© Dulce María Alcaraz, 2024

Tr.ª Sierra de Gata, 5
La Poveda (Arganda del Rey)
28500 - Madrid
Teléf.: (+34) 910 46 54 33
e-mail: info@alcarazediciones.es
https://alcarazediciones.es

I.S.B.N.: 979-13-87586-12-6
Depósito Legal: V-4696-2024

Diseño y maquetación: Iván García Molinero
Printed in Spain / Impreso en España

ÍNDICE

INTRODUCCIÓN: EL ENIGMA DEL OCULTISMO EN LA REVOLUCIÓN

La Revolución Rusa de 1917 marcó uno de los momentos más decisivos en la historia del siglo XX. El colapso del Imperio zarista, seguido por la ascensión de los bolcheviques al poder, transformó radicalmente la estructura política, económica y social de Rusia, dando lugar al primer Estado socialista del mundo. Este acontecimiento, que alteró el rumbo de la historia global, ha sido objeto de innumerables estudios políticos, económicos y sociológicos. Sin embargo, uno de los aspectos más intrigantes y menos explorados de esta revolución es la relación que pudo haber tenido con el ocultismo, un fenómeno espiritual y esotérico que, aunque aparentemente irrelevante para el contexto materialista de la época, subyace en los márgenes de los grandes acontecimientos históricos.

Breve panorama de la Revolución Rusa

A principios del siglo XX, Rusia era una nación atrapada entre la tradición monárquica absolutista y los vientos de cambio que soplaban desde Occidente. El régimen zarista, encabezado por la dinastía Romanov, enfrentaba crecientes tensiones sociales, políticas y

11

económicas. El atraso industrial, la pobreza en las zonas rurales y las injusticias sociales impulsaron una serie de protestas que culminaron en dos grandes movimientos revolucionarios en 1917: la Revolución de Febrero, que derrocó al zar Nicolás II, y la Revolución de Octubre, liderada por los bolcheviques, que instauró un gobierno comunista bajo la dirección de Lenin.

En medio de este contexto, es fácil olvidar que Rusia, antes de la revolución, también era un país profundamente influenciado por tradiciones místicas, religiosas y ocultas. En las cortes imperiales y entre los círculos intelectuales, figuras como Grigori Rasputín y movimientos esotéricos como la teosofía ejercieron una influencia innegable. Mientras las masas clamaban por el pan y la paz, las creencias en lo sobrenatural, lo místico y lo espiritual parecían convivir en una extraña dualidad con las luchas políticas.

¿Qué relación tiene el ocultismo con los cambios revolucionarios?

Aunque a primera vista pueda parecer una contradicción, la conexión entre la Revolución Rusa y el ocultismo es más profunda de lo que comúnmente se acepta. Diversos personajes clave en la historia rusa mantenían una fuerte vinculación con el misticismo. Grigori Rasputín, conocido como el «monje loco», influyó enormemente en la corte de los Romanov y, por tanto, en las decisiones del último zar. Sus prácticas esotéricas, basadas en la sanación y en una conexión supuestamente directa con lo divino, crearon un aura de misterio que envolvió los últimos años de la monarquía.

Por otro lado, movimientos esotéricos como la teosofía y la antroposofía, que florecían en Europa, también encontraron eco entre ciertos intelectuales y revolucionarios rusos. Incluso dentro del aparato comunista, donde predominaba una visión estrictamente materialista del mundo, algunos de sus líderes no estaban completamente exentos de las influencias místicas o al menos las entendían como parte de la cultura de la época. Esta dualidad entre materialismo y espiritualidad plantea interrogantes sobre la verdadera influencia de las creencias ocultas en la transformación política y social de Rusia.

Objetivos del libro

Este libro busca explorar, desde un enfoque histórico y crítico, la relación entre la Revolución Rusa y las corrientes esotéricas y ocultistas que circulaban tanto entre las élites como entre las clases populares de la época. A través de un análisis detallado de figuras como Rasputín, así como de los movimientos espirituales que existían en el trasfondo de la revolución, se pretende desvelar si el ocultismo tuvo alguna influencia real en los eventos históricos o si su relevancia quedó relegada a la imaginación popular y a las leyendas.

El libro también analizará cómo el misticismo se enfrentó al materialismo dominante del nuevo régimen bolchevique, y cómo estas fuerzas aparentemente opuestas convivieron en un periodo de gran agitación social. En última instancia, este texto busca desentrañar el enigma de hasta qué punto el ocultismo fue un mero acompañante silencioso de los cambios revolucionarios o si, de alguna manera, contribuyó a moldear el destino de Rusia.

Este enfoque permitirá al lector descubrir un aspecto menos conocido de la Revolución Rusa, arrojando luz sobre los misterios y mitos que rodearon uno de los momentos más turbulentos de la historia moderna.

CAPÍTULO 1: RUSIA A FINALES DEL SIGLO XIX

A finales del siglo XIX, Rusia se encontraba en un punto de inflexión, atrapada entre la tradición absolutista y las demandas de cambio que surgían tanto de las élites intelectuales como del pueblo. Este capítulo se adentrará en el contexto político y social de ese periodo, marcado por profundas desigualdades y tensiones internas, así como en el creciente interés por las creencias espirituales y esotéricas que impregnaban tanto a la aristocracia como a los círculos intelectuales rusos.

El contexto político y social en Rusia

El Imperio ruso, bajo el mando del zar Alejandro III y posteriormente de su hijo Nicolás II, vivía una paradoja política. Por un lado, los zares mantenían un régimen autocrático, centralizado en torno a la figura del zar, considerado como «el elegido de Dios». Por otro lado, el país estaba inmerso en un proceso lento pero creciente de modernización, impulsado por el desarrollo industrial en las principales ciudades como San Petersburgo y Moscú, y el surgimiento de una nueva clase obrera que empezaba a organizarse en torno a movimientos socialistas y revolucionarios.

La mayoría de la población rusa seguía viviendo en condiciones de extrema pobreza en las zonas rurales, donde los campesinos soportaban pesadas cargas fiscales y un sistema de trabajo casi feudal. La reforma de la emancipación de los siervos en 1861, aunque representó un avance importante, no resolvió los problemas estructurales del campo ruso, y las desigualdades seguían alimentando el descontento social.

En las ciudades, la clase obrera comenzaba a organizarse en sindicatos y movimientos socialistas que demandaban mejores condiciones laborales y derechos políticos. El Partido Obrero Socialdemócrata Ruso, fundado en 1898, se dividió pronto entre mencheviques y bolcheviques, creando un clima de inestabilidad que iba en aumento.

Frente a este panorama de agitación social, las élites aristocráticas y la intelectualidad rusa se refugiaban, en muchos casos, en creencias espirituales y esotéricas que buscaban darle sentido a un mundo en constante transformación.

Las creencias espirituales y esotéricas en la sociedad rusa

El fin del siglo XIX en Rusia fue testigo de un auge en las creencias espirituales y ocultistas. La ortodoxia rusa seguía siendo la religión oficial, profundamente arraigada en la vida cotidiana del pueblo, pero había un creciente interés en lo místico y lo esotérico, impulsado por influencias externas e internas. En Europa, el espiritismo, la teosofía y otras corrientes esotéricas ganaban adeptos, y estas influencias no tardaron en llegar a Rusia. Helena Blavatsky, fundadora de la Sociedad Teosófica, era una figura clave en la propagación de estas ideas. Nacida en Ekaterinoslav (actual Ucrania), Blavatsky se convirtió en una de las principales difusoras de las doctrinas teosóficas, que mezclaban elementos del hinduismo, el budismo y el esoterismo occidental.

La teosofía promovía la idea de que todas las religiones compartían una verdad oculta común, accesible solo a través de la intuición mística y el estudio de las escrituras sagradas. Estas creencias encontraban terreno fértil en una Rusia que, sumida en el caos social, buscaba respuestas más allá de lo visible y lo material.

El espiritismo, que permitía la comunicación con los muertos a través de sesiones mediúmnicas, también adquirió relevancia en los círculos rusos de finales del siglo XIX. Era común que las élites urbanas organizaran reuniones para contactar con espíritus o indagar en misterios ocultos. Este tipo de creencias místicas, aunque chocaba con la ortodoxia oficial, reflejaba una profunda búsqueda de sentido en medio de las tensiones y la incertidumbre de la época.

La influencia del misticismo en la aristocracia y los intelectuales

La aristocracia rusa, en particular, jugó un papel importante en la adopción y promoción de estas corrientes místicas. La corte del zar Nicolás II no era ajena a estas influencias, y la figura de Grigori Rasputín es quizás el ejemplo más evidente de cómo el misticismo se infiltró en el corazón del poder ruso.

Rasputín, un campesino de Siberia que se autodenominaba «sanador» y poseía un carisma casi hipnótico, se convirtió en una figura central en la vida de la familia Romanov. Su capacidad para curar al joven zarévich Alexei de su hemofilia lo convirtió en un consejero influyente de la zarina Alejandra, quien creía firmemente en su conexión espiritual y poder divino. Rasputín era conocido por sus prácticas esotéricas y por sus supuestos dones proféticos, lo que le otorgó una fama casi mítica, aunque también fue blanco de intrigas y críticas por parte de la nobleza. Más allá de Rasputín, el misticismo también atrajo a destacados intelectuales y artistas rusos. Filósofos como Vladimir Solovyov exploraron la relación entre la espiritualidad y la política, mientras que escritores como Fiódor Dostoyevski incorporaron temas místicos en sus obras literarias, reflejando la constante tensión entre el bien y el mal, la redención y el pecado, y la búsqueda de lo trascendental.

Este interés por el esoterismo entre las élites y los intelectuales no solo era una forma de evadir las realidades materiales de la época, sino también una manera de encontrar un nuevo sentido de identidad y propósito en un país que se enfrentaba a profundas transformaciones.

CAPÍTULO 2: RASPUTÍN: EL MÍSTICO EN LA CORTE DEL ZAR

Grigori Rasputín, una figura enigmática y controvertida, desempeñó un papel crucial en los últimos años de la dinastía Romanov, justo antes de la caída del régimen zarista. Este capítulo explorará su ascenso al poder en la corte imperial rusa, su influencia sobre la familia Romanov a través de prácticas esotéricas, y los mitos que rodean su vida y su misteriosa muerte, elementos que han alimentado su leyenda hasta el día de hoy.

Rasputín y su ascenso al poder

Grigori Yefímovich Rasputín nació en una pequeña aldea siberiana en 1869, en una familia de campesinos. Desde su juventud, mostró inclinaciones religiosas que lo llevaron a convertirse en un peregrino errante, viajando a monasterios y lugares sagrados en busca de una experiencia espiritual profunda. No era un sacerdote formalmente ordenado, pero su carisma y supuesta capacidad para curar a los enfermos le granjearon una reputación como un «staretz» o santo hombre.

En 1905, Rasputín fue presentado en San Petersburgo a la corte imperial de los Romanov, en un momento en que la familia real

estaba desesperada por la enfermedad del zarévich Alexei, el único heredero varón, quien
sufría de hemofilia. La zarina Alejandra, una
mujer profundamente religiosa y supersticio-
sa, quedó impresionada por la capacidad de
Rasputín para aliviar los síntomas del joven
príncipe. A partir de ese momento, Rasputín
se convirtió en una figura cercana a la familia
imperial, ganándose la confianza incondicio-
nal de la zarina y, en menor medida, del zar
Nicolás II.

La habilidad de Rasputín para manipular
a través de su presencia mística y sus consejos
espirituales le otorgó un poder inusual dentro de la corte. Aunque oficialmente no tenía
ningún puesto político, sus opiniones y «vi-
siones» comenzaron a influir en las decisiones de la familia imperial, especialmente en
cuestiones políticas y personales. Este poder
informal y su cercanía con la zarina genera-
ron resentimiento y desconfianza entre la nobleza y los círculos gubernamentales.

Las prácticas esotéricas y su influencia sobre la familia Romanov

La conexión de Rasputín con los Romanov iba más allá de sus habilidades curativas.
Era conocido por su interés en prácticas esotéricas, que incluían la oración intensiva, el

ascetismo y la creencia en su propio contacto directo con lo divino. Su aura mística, combinada con su apariencia rústica y descuidada, le otorgaba un aire de santidad primitiva que fascinaba a la zarina Alejandra.

Rasputín creía que el sufrimiento y la penitencia, incluso en forma de pecados carnales, eran un camino hacia la redención y la unión con Dios. Esta doctrina heterodoxa, en la que el pecado era visto como una etapa necesaria para la purificación espiritual, parecía resonar con la zarina, quien estaba dispuesta a creer que Rasputín había sido enviado por Dios para salvar a su familia y, por extensión, a Rusia.

Bajo la influencia de Rasputín, la zarina empezó a confiar cada vez más en sus consejos sobre asuntos políticos, lo que llevó a la interferencia del místico en nombramientos ministeriales y decisiones de Estado. La aristocracia y muchos miembros de la clase política rusa veían con alarma cómo Rasputín, un campesino sin educación formal, se inmiscuía en los asuntos de gobierno. La percepción de que Rasputín ejercía un poder ilimitado sobre la zarina alimentó rumores sobre una conspiración oculta y deterioró aún más la imagen de los Romanov ante el pueblo.

Sin embargo, la realidad sobre la influencia política de Rasputín es ambigua. Si bien es cierto que tuvo un impacto en algunos nombramientos, es improbable que su control sobre la política rusa fuera tan extenso como se creía. El mito del «monje loco» que controlaba a la zarina y, a través de ella, al zar, fue en parte una construcción de sus enemigos, que usaron su figura como chivo expiatorio de los fracasos del régimen zarista.

Mitos y realidades sobre su muerte

La vida de Rasputín, envuelta en misterio, terminó de manera violenta y legendaria. A medida que la influencia de Rasputín sobre la familia imperial crecía, también lo hacía el descontento entre la aristocracia y el pueblo. Los rumores sobre su comportamiento libertino y su supuesta corrupción eran motivo de escándalo. Para muchos, Rasputín se había convertido en el símbolo de todo lo que estaba mal con el régimen zarista.

El 30 de diciembre de 1916, un grupo de nobles, encabezado por el príncipe Félix Yusúpov y el gran duque Dmitri Pávlovich, conspiró para asesinar a Rasputín. Según la leyenda, los conspiradores invitaron a Rasputín al palacio de Yusúpov con el pretexto de una reunión social. Le ofrecieron pasteles y vino en-

venenados con cianuro, pero, sorprendente-
mente, Rasputín no mostró ningún signo de
envenenamiento. Ante esto, Yusúpov le dispa-
ró varias veces, y Rasputín, herido, pero aún
vivo, intentó huir, lo que obligó a los conspiradores a atacarlo de nuevo. Finalmente, su
cuerpo fue arrojado al río Nevá.

La historia de su muerte, con su aparente
resistencia al veneno y los disparos, ha sido
alimentada por rumores y exageraciones que
contribuyeron a la creación del mito en torno
a su figura. Sin embargo, los informes foren-
ses sugieren que Rasputín murió por heridas
de bala, y no hay evidencia clara de que fuera
envenenado. La narrativa de su resistencia a
la muerte encajaba perfectamente en la leyenda que se había construido alrededor de
él como un ser con poderes sobrenaturales.

La muerte de Rasputín no fue suficiente
para detener el colapso del régimen zarista.
Apenas unos meses después, en 1917, la Revolución Rusa estalló, y la familia Romanov
fue derrocada. Para algunos, la desaparición
de Rasputín marcó el fin de una era de superstición y misticismo en la corte, mientras
que para otros fue el preludio inevitable de la
caída de la dinastía Romanov.

CAPÍTULO 3: LA REVOLUCIÓN Y LOS MOVIMIENTOS ESOTÉRICOS

La Revolución Rusa no solo representó un cambio radical en la política y la estructura social del país, sino que también catalizó una serie de transformaciones culturales y espirituales que desafiaron las estructuras tradicionales del poder y la fe. En medio de este torbellino revolucionario, diversas corrientes esotéricas y ocultistas encontraron terreno fértil para florecer, ofreciendo respuestas y soluciones alternativas en tiempos de incertidumbre y caos. Este capítulo explora cómo el colapso del Imperio zarista abrió las puertas a estos movimientos y la influencia que ejercieron en los actores y eventos revolucionarios.

La caída del Imperio y el auge de las corrientes ocultistas

La Revolución de febrero de 1917, que resultó en la abdicación de Nicolás II y la caída de la monarquía, trajo consigo un vacío de poder y una crisis de fe en las antiguas estructuras. El zar, quien hasta ese momento había sido considerado el «ungido de Dios», ya no ejercía la autoridad divina sobre el pueblo ruso, lo que dejó un espacio para la proliferación de nuevas formas de espiritualidad y creencias. En un contexto donde las instituciones tradicionales como la Iglesia Ortodoxa perdían su influencia, las corrientes esotéricas, ya presentes en los márgenes de la sociedad, comenzaron a cobrar mayor relevancia. Desde finales del siglo XIX, Rusia había sido testigo de un creciente interés en el ocultismo y las creencias esotéricas, alimentado por una élite intelectual que buscaba respuestas más allá de las doctrinas materialistas que comenzaban a dominar el discurso público. El misticismo ruso, con profundas raíces en la espiritualidad ortodoxa y el folclore popular, se mezclaba con influencias occidentales como el espiritismo y la teosofía, creando un ambiente en el que las ideas esotéricas podían prosperar.

Durante el reinado de los Romanov, estas corrientes habían estado presentes, pero relativamente contenidas dentro de ciertos círculos aristocráticos e intelectuales. Figuras como Grigori Rasputín, que ya exploramos en el capítulo anterior, representaban el vínculo entre el misticismo popular y la corte imperial. Sin embargo, con la caída del zarismo, estas corrientes encontraron un espacio de mayor libertad. La agitación social y política, unida a la desintegración de las instituciones tradicionales, impulsó a muchos a buscar en lo esotérico respuestas a los dilemas que enfrentaba el país.

Las enseñanzas de Helena Blavatsky, fundadora de la Sociedad Teosófica, tuvieron un impacto significativo en este período. Blavatsky, nacida en Rusia, desarrolló una visión del mundo que combinaba elementos de la filosofía oriental y el ocultismo occidental, con el objetivo de reconciliar las religiones y acceder a una sabiduría divina oculta. En sus obras principales, como *La Doctrina Secreta* (1888), Blavatsky postulaba la existencia de una «verdad oculta» detrás de todas las religiones y filosofías, accesible solo a aquellos iniciados en los misterios esotéricos. Aunque Blavatsky pasó gran parte de su vida en el extranjero, su influencia sobre los intelectuales rusos fue significativa, y tras su muerte en 1891, la Sociedad Teosófica continuó ganando adeptos en Rusia.

Grupos esotéricos y sociedades secretas en la época

Durante la Revolución y la Guerra Civil que siguió, muchos grupos esotéricos y sociedades secretas comenzaron a emerger con más fuerza. Estas organizaciones, a menudo vistas como movimientos marginales o subversivos, desempeñaron un papel importante en el tejido social de la época. Algunos de los más destacados incluían:

- La Sociedad Teosófica: Aunque oficialmente perseguida después de la Revolución, muchos de sus miembros continuaron reuniéndose en secreto. Su influencia persistió entre ciertos intelectuales y artistas, que veían en las enseñanzas teosóficas una forma de resistencia espiritual al materialismo bolchevique.

- El Movimiento Antroposófico: Liderado por el filósofo y esoterista alemán Rudolf Steiner, este movimiento había ganado seguidores en Rusia a principios del siglo XX. La antroposofía ofrecía una visión espiritual del mundo que combinaba elementos místicos y científicos, y que algunos intelectuales rusos veían como una vía para reconciliar la revolución política con una transformación espiritual. Steiner mismo sostuvo que el caos de la Revolución Rusa formaba parte de una transformación kármica que conduciría al nacimiento de una nueva humanidad más elevada espiritualmente.

- Los Martinistas: El martinismo, un movimiento esotérico que se centraba en la idea de la regeneración espiritual del individuo, había encontrado eco en Rusia desde finales del siglo XIX. Fundado en Francia por Louis-Claude de Saint-Martin, el movimiento defendía que la humanidad, caída de su estado original de gracia, podía regenerarse espiritualmente a través del conocimiento esotérico. Durante la Revolución, los martinistas se mantuvieron activos en círculos secretos, especialmente entre los aristócratas que veían en sus enseñanzas un refugio espiritual en medio del colapso de su mundo.

- La Francmasonería: Aunque la masonería en Rusia fue reprimida en varias ocasiones, durante la Revolución hubo un resurgimiento de las logias masónicas. Muchos de los revolucionarios intelectuales y figuras influyentes en la transición política estaban afiliados a sociedades masónicas, que compartían ciertas ideas sobre el progreso espiritual y la transformación de la humanidad. Sin embargo, el materialismo dominante en el nuevo régimen bolchevique finalmente llevó a la represión de estas logias.

Las ideas esotéricas también influyeron en movimientos políticos alternativos que surgieron durante y después de la Revolución. Uno de los ejemplos más notables es el del movimiento *biocosmista*, fundado en 1920 por un grupo de intelectuales y científicos rusos. Los biocosmistas combinaban una visión utópica de la revolución con ideas esotéricas, proponiendo que la humanidad estaba en un proceso de evolución cósmica que culminaría en la inmortalidad y la colonización del espacio. Aunque estos movimientos nunca alcanzaron gran relevancia política, reflejan el impacto que las creencias esotéricas tuvieron en la imaginación revolucionaria.

El impacto de las creencias ocultistas en la política revolucionaria

A pesar del enfoque materialista y ateo del bolchevismo, no se puede negar que las corrientes esotéricas influyeron en algunos sectores de la Revolución. La idea de que la Revolución Rusa no era solo un cambio político, sino un fenómeno cósmico que transformaría la historia de la humanidad, resonaba con muchas de las corrientes esotéricas que veían en el sufrimiento y el caos un preludio de la regeneración espiritual.

Aunque figuras como Lenin y Trotsky rechazaban abiertamente estas nociones, ciertos intelectuales vinculados al movimiento revolucionario vieron en la Revolución un evento casi apocalíptico. El filósofo ruso Nikolái Berdiáyev, aunque crítico con el bolchevismo, escribió sobre la conexión entre la revolución y el misticismo en su obra *La filosofía de la libertad* (1911). Para Berdiáyev, la Revolución Rusa representaba una ruptura total con el pasado, un «momento de crisis espiritual» que ofrecía la posibilidad de una regeneración tanto política como espiritual.

En términos prácticos, sin embargo, el régimen bolchevique fue implacable en su rechazo al misticismo y el ocultismo. Lenin veía en el ocultismo una forma de distracción reaccionaria, y bajo su mandato, muchas de las sociedades esotéricas fueron desmanteladas. Con la llegada de Stalin al poder en la década de 1920, esta represión se intensificó. El régimen soviético, comprometido con el ateísmo estatal y el materialismo dialéctico, consideraba cualquier manifestación de ocultismo o religión como un desafío a la ideología oficial. En consecuencia, los movimientos esotéricos fueron perseguidos y sus líderes encarcelados o ejecutados.

Sin embargo, las creencias ocultistas no desaparecieron por completo. Muchos de estos grupos continuaron operando en la clandestinidad, y el interés en el ocultismo resurgió después de la caída de la Unión Soviética. Incluso hoy, Rusia sigue siendo un país donde las corrientes esotéricas y místicas, tanto tradicionales como modernas, continúan teniendo una presencia significativa en la cultura popular.

CAPÍTULO 4: LENIN Y EL ESCEPTICISMO DEL MATERIALISMO

Vladímir Ilich Uliánov, conocido mundialmente como Lenin, fue el arquitecto principal de la Revolución de octubre de 1917 y el líder indiscutible del naciente régimen bolchevique. Su enfoque hacia la política y la sociedad estuvo profundamente arraigado en el materialismo dialéctico, una filosofía que negaba categóricamente cualquier creencia espiritual o mística. Este capítulo examina la postura de Lenin frente a las creencias esotéricas y espirituales, el conflicto ideológico entre el materialismo comunista y las corrientes esotéricas, y si, a pesar de su firme rechazo al misticismo, hubo alguna influencia oculta en las decisiones del líder revolucionario.

Lenin y su postura hacia las creencias espirituales

Lenin, como teórico marxista, abrazaba el materialismo dialéctico, una filosofía que consideraba que la realidad y el desarrollo histórico podían explicarse únicamente a través de las condiciones materiales y las relaciones de producción, sin la intervención de fuerzas sobrenaturales o espirituales. Para Lenin, la religión no solo era una «ilusión» que oscurecía la conciencia del proletariado, sino que también servía como un mecanismo de opresión utilizado por las clases dominantes para mantener el statu quo.

En su obra *El Estado y la Revolución* (1917), Lenin afirmó: «La religión es el opio del pueblo», citando a Karl Marx, y propuso un Estado ateo que liberara a las masas trabajadoras de la influencia perniciosa de la religión. Lenin consideraba que las creencias espirituales no eran más que una herramienta de alienación que distraía a los obreros de su verdadera misión: derrocar al capitalismo y construir una sociedad socialista.

A diferencia de otros líderes revolucionarios, Lenin no mostraba ninguna simpatía hacia las corrientes esotéricas o místicas que circulaban en la sociedad rusa de finales del siglo XIX y principios del XX. Mientras que algunos intelectuales rusos, como Nikolái Berdiáyev o León Tolstói, exploraban temas espirituales y místicos como parte de su reflexión sobre el destino de Rusia, Lenin mantenía una postura fría y escéptica ante cualquier tipo de espiritualidad. Para él, cualquier noción de trascendencia o espiritualidad era incompatible con la visión científica y materialista del mundo que debía guiar la Revolución.

En este sentido, Lenin dirigió sus ataques no solo contra las instituciones religiosas tradicionales, como la Iglesia Ortodoxa, sino también contra las corrientes esotéricas que ganaban terreno entre algunos sectores de la aristocracia y la intelectualidad rusa. Para Lenin, las creencias esotéricas no eran más que una forma de superstición que debía ser erradicada junto con la religión tradicional para establecer una sociedad verdaderamente racional y científica.

El conflicto entre el materialismo comunista y las corrientes esotéricas

El triunfo de la Revolución Bolchevique en octubre de 1917 marcó el comienzo de un conflicto abierto entre el materialismo comunista y las corrientes esotéricas y espirituales que todavía tenían presencia en Rusia. Desde el primer momento, el nuevo régimen se comprometió a destruir cualquier vestigio de la religión y el ocultismo, que eran considerados por Lenin y los bolcheviques como vestigios del pasado feudal y capitalista.

Bajo el gobierno de Lenin, se implementaron políticas que atacaban directamente a la religión y, en consecuencia, a las creencias místicas y ocultistas. En 1918, el gobierno soviético emitió el «Decreto sobre la separación de la Iglesia y el Estado», que eliminó el estatus oficial de la Iglesia Ortodoxa Rusa, confiscó sus propiedades y prohibió su participación en la educación y la vida pública. Aunque este decreto iba dirigido principalmente contra la religión organizada, también afectó a las prácticas esotéricas, que eran vistas como una amenaza para el nuevo orden socialista. El materialismo comunista, basado en la interpretación marxista del mundo, sostenía que solo las condiciones materiales, es decir, las relaciones económicas y de producción, podían explicar el desarrollo de la historia. Las creencias espirituales, ya fueran religiosas o esotéricas, eran vistas como formas de alienación que desviaban a los individuos de la lucha revolucionaria. Lenin y otros líderes bolcheviques consideraban que los movimientos esotéricos, como la teosofía o la antroposofía, eran especialmente peligrosos porque, a pesar de su apariencia inofensiva, fomentaban la idea de que el destino de la humanidad estaba predeterminado por fuerzas sobrenaturales o cósmicas, lo que socavaba la idea de la revolución como un acto consciente y deliberado de transformación social.

En su artículo de 1909, *Sobre el significado de la lucha contra la religión*, Lenin escribió: «El comunismo no puede ser conciliado con la religión. Nuestra propaganda debe consistir en la lucha implacable contra todas las formas de creencias religiosas». Aunque no menciona específicamente el ocultismo o el esoterismo, su crítica abarca todas las formas de pensamiento que contradigan el materialismo. Durante los primeros años del régimen bolchevique, las sociedades ocultistas y esotéricas fueron perseguidas, y muchos de sus líderes fueron arrestados o exiliados. La Sociedad Teosófica, que había ganado influencia en Rusia a finales del siglo XIX, fue disuelta, y sus miembros fueron obligados a operar en la clandestinidad. Del mismo modo, los martinistas, los francmasones y otras sociedades esotéricas fueron objeto de represión, ya que se consideraba que sus creencias eran incompatibles con la visión materialista del comunismo.

¿Hubo realmente una influencia oculta en las decisiones de Lenin?

A pesar de su rechazo explícito al misticismo y las creencias espirituales, algunos estudiosos han sugerido que Lenin pudo haber estado más influido por las corrientes esotéricas de lo que él mismo admitía. Sin embargo, esta teoría sigue siendo objeto de debate.

Algunos investigadores han señalado que Lenin estaba familiarizado con las corrientes esotéricas y que, aunque las rechazaba públicamente, podía haber sido consciente de la importancia de estas creencias en la vida cultural rusa. Por ejemplo, se ha sugerido que Lenin pudo haber sido influenciado por las ideas de Vladimir Solovyov, un filósofo ruso que exploró la relación entre la religión, la espiritualidad y la política. Aunque Lenin no compartía las creencias religiosas de Solovyov, algunos aspectos de su pensamiento, como la noción de un «fin de la historia» o el papel redentor de la revolución, pueden haber encontrado eco en el pensamiento de Lenin.

Además, algunos biógrafos han señalado que, a pesar de su escepticismo hacia las creencias espirituales, Lenin mantenía una relación ambivalente con ciertos aspectos del misticismo. Su interés en la literatura rusa, por ejemplo, lo habría expuesto a escritores como Fiódor Dostoyevski, cuyas obras exploran temas de redención, espiritualidad y destino. Aunque Lenin criticaba abiertamente a Dostoyevski por su cristianismo reaccionario, no se puede descartar que aspectos de su pensamiento hayan influido en la forma en que Lenin concebía el destino de la revolución.

Sin embargo, la mayoría de los historiadores coinciden en que la influencia del misticismo en Lenin fue, en el mejor de los casos, marginal. Lenin fue, ante todo, un pragmático que creía firmemente en la ciencia y el materialismo como las únicas bases legítimas para el conocimiento y la acción política. Aunque estaba familiarizado con las corrientes esotéricas que circulaban en Rusia, no hay evidencia sólida de que estas creencias hayan influido directamente en sus decisiones.

Lo que es claro, sin embargo, es que Lenin fue implacable en su lucha contra el misticismo y las creencias espirituales, viéndolas como obstáculos para la construcción del socialismo. Para él, la Revolución Rusa no solo representaba un cambio político, sino también una revolución cultural que debía erradicar todas las formas de pensamiento irracional, incluidas las corrientes esotéricas.

CAPÍTULO 5: TROTSKY Y EL MISTICISMO REVOLUCIONARIO

León Trotsky, uno de los líderes más influyentes de la Revolución Rusa y teórico del marxismo, es conocido por su fervor racionalista y su compromiso con el materialismo histórico. Sin embargo, la figura de Trotsky también ha sido objeto de especulación, ya que algunos estudiosos y críticos han sugerido que, a pesar de su postura intelectual basada en la razón y el análisis científico, podría haber tenido una relación más compleja con las ideas místicas y esotéricas de su tiempo. Este capítulo examina la relación de Trotsky con el misticismo, las tensiones entre la razón y lo oculto en su pensamiento, y cómo su teoría de la «revolución permanente» puede interpretarse desde una perspectiva esotérica.

La relación de Trotsky con las ideas místicas

León Trotsky (nacido Lev Davidovich Bronstein en 1879) fue, como Lenin, un firme defensor del materialismo dialéctico y un crítico vehemente de la religión y las creencias místicas. En su obra más conocida, *Mi vida: Intento de autobiografía* (1930), Trotsky narra su transformación ideológica desde su

43

juventud hasta convertirse en uno de los principales líderes del Partido Bolchevique, destacando siempre la centralidad de la ciencia y la racionalidad en su enfoque revolucionario.

Sin embargo, a diferencia de Lenin, cuya posición sobre la espiritualidad y el esoterismo fue categóricamente negativa, la relación de Trotsky con estas ideas es más matizada. Si bien no hay evidencia de que Trotsky practicara alguna forma de ocultismo o que estuviera vinculado a movimientos esotéricos, su entorno personal y algunos de sus escritos sugieren que era consciente de la influencia de lo místico en el contexto cultural ruso de principios del siglo XX.

Trotsky estaba inmerso en una Rusia donde las creencias místicas y ocultistas coexistían con el racionalismo. Durante su juventud, fue testigo del auge del espiritismo, la teosofía y el misticismo cristiano, que influyeron tanto en la aristocracia como en los intelectuales. Si bien Trotsky siempre mantuvo una distancia crítica con respecto a estas corrientes, era consciente de su presencia y del poder que ejercían sobre la imaginación popular.

En *Literatura y revolución* (1924), Trotsky analiza el papel de la cultura en el proceso revolucionario y reconoce, de manera crítica, que la revolución no puede eliminar de inmediato las antiguas supersticiones y creencias. Según Trotsky, aunque el proletariado debía liderar el desarrollo cultural hacia una conciencia científica, las viejas creencias espirituales seguirían influyendo en algunos sectores de la población durante un tiempo.

A lo largo de su vida, Trotsky mantuvo una postura pública clara: las ideas místicas y esotéricas eran, para él, una distracción reaccionaria que impedía al proletariado alcanzar una verdadera comprensión del materialismo histórico. Sin embargo, algunos aspectos de su pensamiento revelan una lucha interna entre la razón científica y una fascinación subyacente con los grandes movimientos históricos, que a menudo adoptaban una cualidad casi profética o mesiánica.

La lucha interna entre la razón y las creencias esotéricas en su pensamiento

A pesar de su compromiso con el materialismo, algunos críticos han sugerido que el pensamiento de Trotsky muestra signos de una lucha interna entre la razón y un impulso casi místico hacia el destino revolucionario. Esta tensión se manifiesta en su concepción de la historia y la revolución como procesos casi inevitables, dotados de una lógica interna que trasciende la mera causalidad material.

En su teoría de la «revolución permanente», Trotsky argumenta que la revolución no puede detenerse una vez que ha comenzado; debe extenderse a nivel internacional y seguir transformando las estructuras sociales hasta que la clase trabajadora haya logrado emanciparse completamente del capitalismo en todos los países. Este concepto, aunque basado en un análisis marxista, puede interpretarse como una visión profética, donde la revolución es vista no solo como un cambio político, sino como un fenómeno casi místico que continúa indefinidamente, guiado por una «fuerza histórica» superior.

El uso de términos como «destino», «lucha eterna» y «misión histórica» en los escritos de Trotsky sugiere una visión del marxismo que, aunque anclada en la razón, adopta a veces un tono casi mesiánico. Para Trotsky, la revolución no es solo un proceso político, sino una misión global que debe consumarse a cualquier costo, lo que lleva a algunos estudiosos a argumentar que su pensamiento sobre la historia y la revolución roza una visión mística de los eventos.

En su obra *Terrorismo y comunismo* (1920), Trotsky justifica el uso de la violencia revolucionaria no solo como un medio pragmático para lograr el poder proletario, sino como parte de un proceso necesario y casi sagrado de transformación histórica. Aunque Trotsky rechazaba las nociones místicas de sacrificio y redención, su retórica a veces sugiere una dimensión espiritual en su concepción de la lucha revolucionaria, como si la revolución fuera una purificación a través de la violencia.

Trotsky y la «revolución permanente» vista desde un prisma oculto

La teoría de la «revolución permanente» es quizás el aspecto más revelador del pensamiento de Trotsky cuando se analiza desde una perspectiva mística. Para Trotsky, la revolución debía extenderse a nivel internacional y no podía limitarse a una sola nación o un solo ciclo histórico. Esta visión de un movimiento revolucionario continuo ha llevado a algunos críticos a interpretar su teoría como un reflejo de ideas esotéricas de transformación infinita y regeneración constante.

Desde una perspectiva esotérica, la «revolución permanente» de Trotsky podría compararse con la noción alquímica de la transmutación continua, donde el proceso de cambio nunca se detiene y siempre apunta hacia un estado de perfección aún no alcanzado. Al igual que en la alquimia, donde la «piedra filosofal» representa el objetivo final, inalcanzable en su totalidad, para Trotsky, la revolución era un proceso sin fin, un ideal que, aunque siempre presente, no podía ser alcanzado de manera completa en un solo momento histórico.

La idea de Trotsky de que la revolución debe propagarse internacionalmente y que ninguna sociedad puede considerarse verdaderamente socialista hasta que el socialismo haya triunfado en todo el mundo puede verse como una especie de «gran obra» colectiva, una búsqueda interminable por la perfección política y social. Esta noción resuena con los ideales de ciertos movimientos esotéricos, que ven la historia como un proceso de evolución espiritual que culminará en una «era dorada» de paz y prosperidad.

A pesar de que Trotsky nunca adoptó abiertamente una posición mística o esotérica, la naturaleza trascendental de su teoría de la «revolución permanente» sugiere una dimensión que trasciende el mero análisis racional de la política. En lugar de ver la revolución como un evento puntual, Trotsky la concebía como un proceso continuo, impulsado por una fuerza histórica más grande que los individuos o las naciones. En este sentido, su pensamiento comparte similitudes con las doctrinas esotéricas que ven la evolución humana como un proceso constante hacia un estado de perfección.

En resumen, aunque Trotsky rechazó explícitamente las creencias esotéricas y místicas, algunos aspectos de su pensamiento revelan una lucha interna entre la razón y una fascinación casi mística con el destino revolucionario. Su teoría de la «revolución permanente», vista desde una perspectiva esotérica, podría interpretarse como una visión profética de la historia, donde la transformación social nunca se detiene y está guiada por una lógica superior. Aunque Trotsky siempre se mantuvo firme en su adhesión al materialismo dialéctico, su legado intelectual sugiere una relación más compleja con el misticismo revolucionario de lo que podría parecer a primera vista.

CAPÍTULO 6: EL OCULTISMO EN LA ERA DE STALIN

La era de Iósif Stalin, marcada por un control absoluto del Estado y una represión masiva de cualquier forma de disidencia, no solo fue una época de cambios políticos y económicos drásticos en la Unión Soviética, sino también de una férrea imposición del ateísmo y la erradicación de todo lo que no encajara con la ortodoxia comunista. Este capítulo examina la relación de Stalin con el esoterismo, la persecución de ocultistas y religiosos bajo su régimen, y cómo la creación de un Estado ateo pretendía erradicar todo rastro de misticismo en la URSS.

Stalin y su relación con el esoterismo

A diferencia de Lenin, quien rechazaba de manera explícita cualquier forma de espiritualidad o esoterismo, Stalin tenía una relación más pragmática con estas corrientes. En su juventud, Stalin fue educado en un seminario religioso, donde fue formado en los dogmas del cristianismo ortodoxo. Si bien abandonó sus creencias religiosas al convertirse en un marxista comprometido, algunos biógrafos han señalado que su conocimiento del simbolismo religioso y su formación espiritual podrían haber influido en su comprensión del poder y del control social.

Durante su ascenso al poder, Stalin no mostró interés en las creencias esotéricas, y a diferencia de algunos de sus contemporáneos, como León Trotsky, no dejó indicios de que se sintiera atraído por el misticismo o el ocultismo. Sin embargo, Stalin era un hombre pragmático, dispuesto a utilizar cualquier recurso para consolidar su poder. Si bien no adoptó una postura abierta hacia el esoterismo, en algunos casos toleró o incluso explotó las creencias populares para sus propios fines, especialmente en tiempos de guerra.

Por ejemplo, durante la Segunda Guerra Mundial, Stalin permitió un acercamiento con la Iglesia Ortodoxa Rusa, que había sido ferozmente perseguida bajo su mandato. En 1943, autorizó la reactivación parcial de la Iglesia, permitiendo la elección de un nuevo patriarca. Esta movida fue vista como un intento de aprovechar el fervor religioso del pueblo ruso para reforzar el patriotismo y la resistencia contra los invasores nazis. Aunque esta acción fue motivada principalmente por razones políticas, demuestra que Stalin estaba dispuesto a usar el poder simbólico de la espiritualidad cuando le convenía.

En cuanto al ocultismo, Stalin lo consideraba una amenaza potencial. Si bien no parece haber mostrado ningún interés personal en el esoterismo, veía en él un peligro subversivo, ya que muchas sociedades ocultistas eran percibidas como posibles focos de disidencia. Al igual que otras creencias religiosas, el esoterismo fue catalogado como una forma de alienación que debía ser eliminada para garantizar la pureza ideológica del Estado.

La persecución de ocultistas y religiosos bajo su régimen

La política de Stalin hacia las creencias esotéricas y religiosas fue implacable. A partir de la década de 1920, tras la consolidación del poder bolchevique, el régimen soviético lanzó una campaña sistemática de persecución contra cualquier forma de espiritualidad que no estuviera alineada con el marxismo-leninismo. Esto incluía tanto a la Iglesia Ortodoxa como a las diversas corrientes esotéricas que habían tenido cierta influencia en la Rusia prerrevolucionaria.

La persecución de las religiones organizada bajo Stalin fue brutal. Miles de clérigos ortodoxos fueron arrestados, encarcelados o ejecutados, y las propiedades de la Iglesia fueron confiscadas. Los monasterios y las iglesias se convirtieron en prisiones o almacenes, y el Estado promovió una intensa campaña de propaganda ateísta para desacreditar la religión. Esta persecución también se extendió a otras confesiones religiosas, como el islam y el judaísmo, así como a movimientos esotéricos y ocultistas.

Uno de los primeros movimientos esotéricos que cayó bajo la represión estalinista fue la Sociedad Teosófica, que había ganado una base de seguidores en Rusia a fines del siglo XIX. Los teósofos, que promovían una visión sincrética de la espiritualidad basada en las enseñanzas de Helena Blavatsky, fueron perseguidos sin piedad. Sus reuniones fueron prohibidas, y muchos de sus miembros fueron arrestados bajo acusaciones de contrarrevolución y espionaje. En 1928, el gobierno soviético emitió una orden formal de disolución de la Sociedad Teosófica en toda la URSS.

Del mismo modo, otros grupos esotéricos como los martinistas y los rosacruces fueron objeto de represión. Estos grupos, que promovían una forma de espiritualidad mística centrada en el conocimiento secreto y la regeneración espiritual, eran vistos con desconfianza por las autoridades soviéticas, que los consideraban amenazas subversivas debido a su estructura secreta y su enfoque en lo sobrenatural.

El esoterismo no solo fue perseguido por sus creencias, sino también por su estructura organizativa. Las sociedades secretas, ya fueran místicas o políticas, eran vistas como un desafío directo al control total del Estado. Stalin temía que estos grupos pudieran servir como puntos de reunión para la oposición política, y muchos de sus miembros fueron acusados de conspiración y traición.

La represión alcanzó su apogeo durante las grandes purgas de los años 1936-1938, cuando Stalin emprendió una campaña de terror que afectó a todos los sectores de la sociedad, incluidos los ocultistas y religiosos. Bajo el pretexto de eliminar a los «enemigos del pueblo», miles de personas fueron arrestadas, torturadas y ejecutadas, incluidos aquellos que practicaban o simpatizaban con el esoterismo. El NKVD, la policía secreta soviética, utilizó los vínculos de algunos individuos con las corrientes esotéricas como justificación para arrestos masivos y ejecuciones.

La creación de un Estado «ateo» y el fin del misticismo en la URSS

Uno de los principales objetivos del régimen de Stalin fue la creación de un Estado ateo que eliminara todas las formas de religión y misticismo de la vida pública. Bajo su mandato, se establecieron organizaciones como la Liga de los Ateos Militantes, cuyo objetivo era promover el ateísmo entre la población soviética y desacreditar la religión y las creencias esotéricas. Esta organización, fundada en 1925, fue responsable de la distribución de propaganda ateísta, la organización de debates públicos y la educación antirreligiosa en las escuelas.

El Estado promovió una visión del mundo estrictamente científica, basada en el materialismo dialéctico, que negaba cualquier posibilidad de trascendencia o espiritualidad. Los libros y publicaciones sobre temas esotéricos fueron censurados o prohibidos, y los autores que escribían sobre estos temas fueron sometidos a una severa represión. La educación pública fue completamente secularizada, y se enseñaba a los jóvenes que el materialismo científico era la única verdad.

El control sobre la vida espiritual de la sociedad alcanzó su máximo apogeo durante la dictadura de Stalin, y cualquier desviación de la línea oficial era castigada con dureza. La Iglesia Ortodoxa Rusa, que había sido una de las instituciones más poderosas de la Rusia prerrevolucionaria, fue reducida a una mera sombra de su antiguo poder, y las creencias esotéricas y ocultistas fueron efectivamente eliminadas de la vida pública.

Sin embargo, el esoterismo no desapareció por completo. A pesar de la represión, muchas creencias esotéricas sobrevivieron en la clandestinidad, alimentadas por un sentimiento de resistencia espiritual frente a la opresión del Estado. Algunos ocultistas continuaron practicando en secreto, transmitiendo sus enseñanzas a las nuevas generaciones. Con la muerte de Stalin en 1953, el Estado soviético suavizó algunas de sus políticas más represivas, aunque el control sobre la vida espiritual de la población siguió siendo una prioridad para los líderes comunistas.

CAPÍTULO 7: SOCIEDADES SECRETAS Y REVOLUCIÓN

La Revolución Rusa fue uno de los acontecimientos más complejos y determinantes del siglo XX. A medida que su análisis se profundiza, la atención se ha dirigido no solo a las estructuras económicas y políticas, sino también a las influencias ideológicas que pudieron haber impulsado a los líderes revolucionarios. En este contexto, las sociedades secretas y las corrientes esotéricas han sido objeto de un considerable interés, ya que algunos sugieren que sus enseñanzas dejaron una huella en ciertos círculos intelectuales y revolucionarios. Este capítulo explora el papel de sociedades esotéricas como la teosofía y el martinismo en la Revolución Rusa, las conexiones potenciales entre los líderes revolucionarios y estos grupos, y las teorías conspirativas que han surgido en torno a la posible influencia oculta en los eventos de 1917.

La influencia de sociedades como la teosofía y el martinismo en los revolucionarios

A finales del siglo XIX y principios del XX, el Imperio ruso era un terreno fértil para la proliferación de ideas místicas y esotéricas.

Los movimientos esotéricos se habían extendido por Europa y encontraron eco en una Rusia en crisis espiritual, política y social. En particular, la teosofía y el martinismo lograron resonar con ciertos sectores de la aristocracia y los intelectuales, quienes buscaban una forma de reconciliar la ciencia y la religión, y una regeneración tanto individual como social.

La Sociedad Teosófica, fundada por Helena Blavatsky en 1875, propugnaba una visión mística y sincrética del mundo, mezclando elementos de las principales religiones orientales con el esoterismo occidental. Blavatsky, nacida en Ekaterinoslav, Rusia, tuvo un considerable impacto en el pensamiento intelectual ruso, especialmente en aquellos que sentían que el materialismo reinante en la época no ofrecía respuestas satisfactorias a las grandes preguntas sobre la existencia y el destino humano. Las enseñanzas teosóficas, que buscaban una verdad oculta accesible a través de la intuición y la meditación mística, encontraron eco en un contexto de crisis y transformación.

Uno de los intelectuales más influidos por la teosofía fue el compositor ruso Alexander Scriabin, quien creía que la revolución no solo debía ser política, sino también espiritual. Scriabin, ferviente seguidor de las ideas de Blavatsky, soñaba con una transformación cósmica a través del arte, que sería el catalizador de una nueva era para la humanidad. Aunque Scriabin no fue un revolucionario político en el sentido estricto, su pensamiento refleja cómo las corrientes esotéricas se entrelazaron con las ideas de transformación radical que, en cierto modo, resonaban con los ideales revolucionarios que impregnaban a la sociedad rusa.

El martinismo, otra corriente influyente, se basaba en las enseñanzas de Louis-Claude de Saint-Martin y promovía la regeneración espiritual del ser humano mediante el conocimiento esotérico. A finales del siglo XIX, el martinismo se extendió a Rusia y encontró seguidores entre ciertos círculos aristocráticos e intelectuales. Aunque no se trataba de un movimiento político per se, sus ideas de renovación espiritual y redención a través del conocimiento secreto resonaban con la concepción de algunos sectores revolucionarios que veían en el colapso del Imperio zarista una oportunidad para no solo reconstruir la sociedad, sino también transformar el espíritu humano.

En general, aunque estas sociedades esotéricas no estuvieron directamente implicadas en el movimiento revolucionario, sus ideas formaban parte del entramado intelectual de la época, influyendo en la percepción de algunos pensadores sobre la relación entre la transformación política y la regeneración espiritual.

Las conexiones entre los líderes revolucionarios y grupos esotéricos

A lo largo de los años, se han sugerido diversas conexiones entre los líderes revolucionarios y las sociedades secretas o grupos esotéricos. Sin embargo, la mayoría de estas conexiones son indirectas, basadas más en afinidades filosóficas que en una afiliación directa. Lenin, por ejemplo, fue un materialista riguroso que rechazaba todas las formas de espiritualidad o misticismo, pero otros personajes clave de la revolución tuvieron contactos con círculos intelectuales donde se discutían ideas esotéricas.

Uno de los personajes más enigmáticos en este contexto es Alexander Parvus, un influyente teórico marxista y mentor de Trotsky. Parvus, aunque no vinculado directamente con las sociedades esotéricas, introdujo en su pensamiento una visión apocalíptica de la revolución. Se ha sugerido que sus ideas, que combinaban una visión profética con un análisis marxista de la sociedad, influyeron en Trotsky y en su concepción de la revolución como un proceso global e interminable. Algunos estudiosos han señalado que la idea de la «revolución permanente» de Trotsky, aunque basada en el materialismo histórico, podría tener resonancias con las ideas esotéricas de transformación y regeneración continua. Durante su exilio en Europa, Trotsky estuvo expuesto a ambientes intelectuales donde se discutían no solo las doctrinas marxistas, sino también ideas espirituales y esotéricas. Aunque no hay pruebas concluyentes de que Trotsky simpatizara con estas ideas, su visión mesiánica de la revolución, como un proceso que debía extenderse más allá de las fronteras nacionales, ha llevado a algunos estudiosos a especular que podría haber tenido influencias indirectas de las corrientes esotéricas que circulaban en el entorno europeo.

Otro vínculo sugerido es con la masonería. Algunos teóricos han argumentado que figuras clave de la Revolución Rusa, incluidos algunos mencheviques y socialistas revolucionarios, podrían haber tenido vínculos con logias masónicas. La masonería, con su énfasis en la fraternidad universal y la transformación del individuo a través del conocimiento, compartía algunos puntos en común con las aspiraciones revolucionarias de los movimientos radicales de la época. No obstante, estas conexiones siguen siendo objeto de debate y no hay pruebas concluyentes de que la masonería haya jugado un papel significativo en los eventos de 1917.

Teorías conspirativas sobre la influencia oculta en la Revolución Rusa

Desde el momento en que la Revolución Rusa sacudió al mundo, han surgido varias teorías conspirativas que sugieren que los eventos de 1917 fueron parte de un complot orquestado por sociedades secretas y grupos esotéricos. Si bien estas teorías suelen carecer de pruebas sólidas, su existencia refleja el temor y la fascinación que la revolución generó, así como la tendencia humana a buscar explicaciones ocultas para los grandes cambios históricos.

Una de las teorías más extendidas sostiene que la Revolución Rusa fue impulsada, en parte, por la masonería internacional. Según esta teoría, varios de los líderes bolcheviques, incluidos Lenin y Trotsky, estaban vinculados a logias masónicas que orquestaron la caída del régimen zarista como parte de un plan más amplio para instaurar un «nuevo orden mundial». Aunque esta teoría ha sido desacreditada por los historiadores, sigue siendo popular en ciertos círculos conspiracionistas que ven en la masonería una fuerza oculta que controla los eventos mundiales.

Otra teoría conspirativa sostiene que la Revolución Rusa fue influenciada por los *Illuminati*, una sociedad secreta que, según algunos teóricos, ha estado detrás de los grandes movimientos revolucionarios desde el siglo XVIII. Los defensores de esta teoría señalan las similitudes entre los ideales revolucionarios y los principios iluministas de igualdad y libertad, y sugieren que los Illuminati jugaron un papel oculto en el derrocamiento de la monarquía rusa. Esta teoría, aunque ampliamente desacreditada, ha sido perpetuada por aquellos que buscan una explicación esotérica para el colapso del Imperio ruso.

Además de estas teorías, algunos autores han sugerido que las enseñanzas de Madame Blavatsky y la Sociedad Teosófica influyeron indirectamente en los bolcheviques. Se argumenta que la noción de una «verdad oculta» que guiaría la humanidad hacia una nueva era resonaba con las ideas de transformación global defendidas por los líderes revolucionarios. Aunque no hay pruebas de que Lenin o Trotsky estuvieran vinculados directamente a la teosofía, las coincidencias entre el lenguaje de la revolución y las ideas teosóficas han sido objeto de especulación.

En última instancia, las teorías conspirativas que rodean la Revolución Rusa reflejan tanto el impacto profundo que tuvo en el mundo como la tendencia a buscar explicaciones ocultas para eventos históricos de gran magnitud. Si bien las pruebas de una influencia directa de las sociedades secretas en la revolución son escasas, es innegable que las ideas esotéricas formaban parte del entorno intelectual y cultural de la época, y que, en algunos casos, estas ideas influenciaron indirectamente a los revolucionarios.

CAPÍTULO 8: LA REVOLUCIÓN RUSA EN LA CULTURA ESOTÉRICA OCCIDENTAL

La Revolución Rusa de 1917 no solo tuvo un impacto profundo en la política global, sino que también capturó la imaginación de diversas corrientes espirituales y esotéricas en Occidente. Mientras el mundo observaba con asombro el colapso de la monarquía zarista y el surgimiento del comunismo, los ocultistas y místicos occidentales veían en estos eventos no solo un cambio político, sino también un movimiento cargado de significados espirituales y transformaciones cósmicas. Este capítulo explora cómo los ocultistas occidentales interpretaron la Revolución Rusa, las lecturas esotéricas del colapso de la monarquía y el nacimiento del comunismo, y las influencias místicas que influyeron en la recepción de la Revolución en Europa y América.

Cómo fue vista la Revolución por los ocultistas occidentales

La Revolución Rusa, desde una perspectiva política y social, significó el fin del zarismo y el establecimiento de la primera república socialista del mundo. Sin embargo, para los ocultistas occidentales, la Revolución tuvo una resonancia simbólica más profunda, asociada a ideas de renovación espiritual, fin de una era, y la llegada de un nuevo ciclo cósmico. En lugar de centrarse únicamente en los aspectos materiales de la revolución, los esoteristas vieron en ella una manifestación de las fuerzas cósmicas que regían la evolución espiritual de la humanidad.

Uno de los principales referentes del esoterismo occidental, el movimiento teosófico, interpretó los eventos de la Revolución Rusa como parte de una lucha entre las fuerzas del bien y del mal, y el comienzo de una nueva etapa en la historia humana. Para los teósofos, que defendían una interpretación mística de la historia, el colapso del zarismo representaba el fin de un ciclo de decadencia espiritual en Europa. En su lugar, el comunismo, visto por muchos como una utopía social y económica, fue percibido como una oportunidad para que la humanidad avanzara hacia un nuevo orden espiritual más justo y equitativo.

Helena Blavatsky, la fundadora de la Sociedad Teosófica, falleció en 1891, pero sus ideas siguieron resonando entre sus seguidores. Su visión de la historia como un proceso de ciclos y eras cósmicas influyó en la interpretación teosófica de la Revolución Rusa. Los teósofos consideraban que la Revolución era parte de un proceso más amplio de cambio espiritual y social, que llevaría eventualmente a la creación de una humanidad unida bajo un nuevo paradigma de sabiduría espiritual. La caída del zarismo y el establecimiento de un régimen comunista se interpretaron como la disolución de las viejas estructuras de poder, tanto físicas como espirituales.

El ocultista británico Aleister Crowley, uno de los esoteristas más influyentes de su tiempo, también mostró interés en la Revolución Rusa, aunque desde una perspectiva más ambigua. Crowley veía en los eventos de 1917 una manifestación de la «Voluntad» —el concepto central en su sistema esotérico—, donde el colapso de las antiguas estructuras sociales y religiosas representaba la destrucción necesaria para el avance de nuevas formas de poder espiritual. Sin embargo, Crowley fue crítico del comunismo en su forma práctica, pues lo consideraba un sistema que suprimía la individualidad y la libertad personal, dos conceptos clave en su filosofía.

La interpretación esotérica del colapso de la monarquía y el nacimiento del comunismo

Desde una perspectiva esotérica, la caída de la monarquía rusa fue vista no solo como el fin de un sistema político, sino también como el colapso de un orden espiritual antiguo.

Para muchos ocultistas, los zares de Rusia, y en particular los Romanov, estaban asociados a una dinastía que representaba una conexión con un pasado esotérico. Los zares eran considerados los guardianes de una tradición espiritual que, aunque opresiva en términos políticos, tenía raíces en un orden sagrado.

El asesinato de la familia Romanov en 1918 fue visto por algunos ocultistas como un acto de ruptura con ese pasado místico. En algunos círculos esotéricos se difundió la idea de que el zar Nicolás II y su familia eran víctimas de fuerzas oscuras que intentaban romper los vínculos entre Rusia y sus tradiciones espirituales antiguas. Estas ideas alimentaron leyendas sobre los Romanov como mártires de una batalla espiritual entre la luz y la oscuridad, una narrativa que encontró eco en algunos sectores monárquicos y místicos de Europa.

En contraposición, el comunismo fue interpretado de maneras diversas en la cultura esotérica occidental. Para algunos, especialmente en el ámbito teosófico, el comunismo representaba una ruptura necesaria con las viejas jerarquías que habían dominado Europa durante siglos. Desde esta perspectiva, el comunismo, aunque en su forma más materialista carecía de una dimensión espiritual explícita, abría el camino hacia un nuevo tipo de sociedad que eventualmente podría ser más receptiva a las enseñanzas esotéricas. Rudolf Steiner, el fundador de la antroposofía, tenía una visión crítica pero matizada del comunismo. Para Steiner, el comunismo soviético representaba una distorsión materialista de lo que debía ser una verdadera revolución espiritual. En su opinión, la transformación social era necesaria, pero debía estar acompañada de un despertar espiritual en lugar de un enfoque puramente materialista. Steiner veía la Revolución Rusa como un reflejo del caos que surge cuando las fuerzas espirituales son ignoradas y reprimidas por ideologías centradas únicamente en la materia.

Influencias místicas en la recepción de la Revolución en Occidente

La Revolución Rusa, con sus elementos dramáticos y su aparente destino histórico, tuvo un impacto considerable en la cultura mística y esotérica de Europa y América. Durante los años posteriores a la revolución, muchos intelectuales occidentales, incluidos aquellos influenciados por corrientes místicas, interpretaron los eventos de Rusia en términos cósmicos y espirituales. Vieron en el colapso del zarismo y el surgimiento del comunismo no solo un cambio político, sino un síntoma de una transformación más profunda en el alma humana y en el orden espiritual del mundo.

Un ejemplo notable de esta recepción es la obra de los surrealistas, un movimiento artístico y literario que surgió en Francia en la década de 1920. Los surrealistas, liderados por André Breton, estaban profundamente interesados en el subconsciente, el esoterismo y la espiritualidad. Aunque muchos de ellos simpatizaban con el comunismo, veían en la Revolución Rusa un símbolo de una revolución más profunda y radical, una revolución que debía ocurrir no solo en las estructuras políticas, sino también en el alma humana.

El escritor y filósofo francés René Guénon, conocido por su crítica a la modernidad y su defensa del esoterismo tradicional, veía la Revolución Rusa como un reflejo del colapso de los valores tradicionales y una manifestación del caos que, según él, caracterizaba el mundo moderno. Guénon, profundamente influenciado por la teosofía y otras corrientes esotéricas, interpretó la revolución como una señal de la decadencia de Occidente y el fin de un ciclo espiritual. Para Guénon, el comunismo soviético, con su énfasis en el materialismo y el rechazo de la espiritualidad, era un símbolo de la desconexión del hombre con lo trascendental.

Además de los círculos intelectuales, las ideas esotéricas también influyeron en el imaginario popular de la Revolución Rusa. En Occidente, surgieron rumores y teorías conspirativas que sugerían que los bolcheviques estaban conectados con sociedades secretas y grupos místicos, una idea que fue alimentada por el temor al comunismo y la percepción de que había fuerzas ocultas moviendo los hilos de la historia. Aunque estas teorías eran infundadas, reflejaban el impacto místico que la Revolución tuvo en la mente de muchas personas.

CAPÍTULO 9: CONSECUENCIAS DEL OCULTISMO EN LA URSS

Tras la Revolución Rusa y la consolidación del régimen soviético, el Estado bolchevique llevó a cabo una implacable campaña para erradicar todas las formas de religión y espiritualidad que no encajaran con su visión materialista del mundo. Sin embargo, el ocultismo, que había florecido en Rusia antes de 1917, no desapareció por completo. Aunque reprimido, siguió existiendo en la clandestinidad, y más tarde resurgió con fuerza en la Rusia contemporánea. Este capítulo analiza el legado ocultista en la sociedad soviética, la supervivencia de creencias esotéricas tras la Revolución y el renacimiento del ocultismo en la Rusia moderna.

El legado ocultista en la sociedad soviética

Antes de la Revolución, Rusia había sido un centro de actividad esotérica, influenciada por movimientos como la teosofía, el martinismo y la masonería. El ocultismo atrajo a aristócratas, intelectuales y artistas en busca de respuestas espirituales a los dilemas de la modernidad. Personajes como Grigori Rasputín en la corte imperial y figuras intelectuales como Alexander Scriabin reflejaron el interés por lo místico y lo espiritual, incluso en los últimos días del zarismo.

Cuando los bolcheviques tomaron el poder en 1917, rápidamente impusieron una visión estrictamente materialista basada en el marxismo-leninismo. Esta nueva cosmovisión no dejaba espacio para creencias espirituales, consideradas reliquias del pasado feudal y obstáculos para el progreso socialista. La religión organizada fue atacada ferozmente, y lo mismo ocurrió con las sociedades esotéricas. En 1918, el Decreto sobre la separación de la Iglesia y el Estado inició la campaña para eliminar la influencia religiosa, y en las décadas siguientes, muchas iglesias, monasterios y sinagogas fueron cerrados o reutilizados con fines seculares.

El ocultismo, que había sido una corriente importante en los círculos aristocráticos e intelectuales antes de la Revolución, fue también objeto de persecución. La Sociedad Teosófica, una de las principales fuerzas del ocultismo en Rusia, fue disuelta en 1928, y muchos de sus miembros fueron arrestados bajo la acusación de contrarrevolución. A menudo, el gobierno soviético justificaba la represión de los ocultistas vinculándolos con potencias extranjeras o con intentos de desestabilizar el Estado, lo que en muchos casos no era más que una excusa para eliminar cualquier forma de disidencia.

A pesar de la represión, las creencias esotéricas no desaparecieron por completo. Algunas sociedades secretas continuaron funcionando en la clandestinidad, y sus seguidores se adaptaron a las duras condiciones del Estado totalitario. Estas creencias siguieron circulando entre ciertos sectores de la población, a menudo a través de redes ocultas que pasaban desapercibidas para las autoridades. Aunque la masonería y otras sociedades secretas desaparecieron en gran medida del escenario público, sus ideas se mantuvieron vivas entre intelectuales y artistas que buscaban una dimensión espiritual frente al vacío materialista del régimen.

La supervivencia de creencias esotéricas tras la Revolución

A pesar de los esfuerzos del gobierno soviético para eliminar toda forma de espiritualidad, las creencias esotéricas continuaron sobreviviendo, en gran medida bajo la superficie. Los años 20 y 30, caracterizados por las grandes purgas y la represión política bajo Stalin, fueron especialmente duros para aquellos que practicaban el ocultismo, pero, paradójicamente, fue también un período en el que muchos buscaron refugio espiritual en la clandestinidad.

Una de las figuras más interesantes en este contexto fue Daniil Andreev, poeta y escritor ruso que, a pesar de haber sido encarcelado en los años 40, desarrolló una vasta cosmogonía mística durante su tiempo en prisión. En su obra *«La Rosa del Mundo»*, escrita entre 1950 y 1958, Andreev plantea una visión espiritual del destino de la humanidad, donde Rusia ocupa un papel central en la lucha cósmica entre las fuerzas del bien y del mal. Aunque Andreev fue ignorado por el Estado soviético y su obra no fue publicada hasta después de su muerte, su trabajo refleja cómo el esoterismo continuó siendo una fuente de inspiración para aquellos que buscaban trascender las limitaciones impuestas por el régimen.

Otra figura importante fue Nikolai Roerich, pintor, arqueólogo y ocultista ruso que, aunque emigró de Rusia tras la Revolución, mantuvo conexiones espirituales con su tierra natal. Roerich creía en la idea de una misión espiritual para Rusia, influenciada por las enseñanzas teosóficas y las doctrinas orientales. En el extranjero, especialmente en la India y los Estados Unidos, promovió la idea de que Rusia tenía un papel especial en el despertar espiritual de la humanidad. Aunque sus ideas no encontraron un eco oficial en la URSS, sus seguidores continuaron en la clandestinidad.

A pesar de la propaganda oficial y la persecución, las creencias esotéricas también encontraron formas de infiltrarse en la cultura popular soviética. Los intereses por la parapsicología y el poder psíquico crecieron en la década de 1960, cuando las tensiones de la Guerra Fría llevaron al Estado soviético a financiar investigaciones sobre temas como la telepatía y la psicokinesis. Si bien estas investigaciones se presentaban como proyectos científicos, a menudo estaban influenciadas por corrientes ocultistas que habían sobrevivido en la periferia de la sociedad soviética.

El ocultismo en la Rusia contemporánea

Con la caída de la Unión Soviética en 1991, el control del Estado sobre la vida espiritual de la población se debilitó drásticamente, y con ello, las creencias esotéricas volvieron a emerger a la superficie. En los años posteriores a la disolución de la URSS, Rusia experimentó un renacimiento espiritual que incluyó no solo el resurgimiento de la Iglesia Ortodoxa Rusa, sino también el crecimiento de movimientos esotéricos y ocultistas.

Los años 90, caracterizados por una profunda inestabilidad política y económica, vieron un aumento en el interés por el ocultismo y las creencias paranormales. Las publicaciones sobre astrología, esoterismo y misticismo proliferaron, y muchos rusos, en busca de respuestas espirituales frente al caos que envolvía al país, recurrieron a prácticas místicas. Las ideas de Nikolai Roerich y de Daniil Andreev ganaron nuevos seguidores, y muchos rusos comenzaron a explorar las enseñanzas de la teosofía y otras corrientes esotéricas que habían sido reprimidas durante el régimen soviético.

Uno de los fenómenos más notables de esta época fue el resurgimiento de las prácticas chamánicas y paganas en regiones como Siberia y el Cáucaso, donde las tradiciones espirituales indígenas, que habían sido marginadas durante la era soviética, comenzaron a reaparecer. En algunas regiones, los chamanes volvieron a ocupar un lugar central en la vida comunitaria, ofreciendo respuestas espirituales a las incertidumbres de la vida post-soviética.

El interés por el esoterismo también se reflejó en la cultura popular, donde programas de televisión, libros y películas sobre lo paranormal y lo místico se hicieron increíblemente populares. Programas como «*La Batalla de los Psíquicos*», un concurso televisivo sobre médiums y psíquicos, atrajeron a millones de espectadores en toda Rusia, reflejando el renovado interés en las fuerzas invisibles y el misticismo.

Además, la masonería, que había sido disuelta bajo el régimen bolchevique, experimentó un renacimiento en Rusia durante los años 90. Varias logias masónicas fueron restablecidas en Moscú y San Petersburgo, y comenzaron a atraer a nuevos miembros, tanto entre las élites como entre aquellos en busca de un sentido de comunidad espiritual y filosófica.

Este renacimiento esotérico en la Rusia contemporánea no solo refleja la resiliencia de las creencias místicas, sino también el vacío espiritual dejado por décadas de represión ideológica bajo el comunismo. Para muchos rusos, las creencias esotéricas ofrecen una forma de reconectarse con una tradición espiritual más profunda que había sido suprimida durante gran parte del siglo XX.

En resumen, las creencias esotéricas en Rusia han mostrado una notable capacidad de adaptación y resistencia, sobrevivieron en las sombras durante el régimen soviético y resurgieron con fuerza en la era post-soviética. Aunque la Unión Soviética intentó erradicar todas las formas de espiritualidad no materialista, el ocultismo continuó presente en la cultura rusa, alimentando un renacimiento espiritual que aún perdura en la actualidad.

CAPÍTULO 10: REFLEXIONES FINALES: REVOLUCIÓN, MISTICISMO Y POLÍTICA

A lo largo de este análisis, hemos explorado las múltiples facetas de la relación entre la Revolución Rusa y el ocultismo, un vínculo que ha capturado la atención de historiadores, filósofos y teóricos durante más de un siglo. Desde la influencia de sociedades esotéricas como la teosofía y el martinismo hasta la represión de estas corrientes bajo el régimen soviético, la Revolución Rusa se revela como un proceso no solo político y económico, sino también espiritual y cultural. En estas reflexiones finales, es fundamental abordar el equilibrio entre el materialismo y la espiritualidad en los procesos revolucionarios, preguntarse si el ocultismo fue un motor de cambio o simplemente un reflejo de las tensiones culturales, y concluir con el enigma que sigue envolviendo a la Revolución Rusa y su relación con el misticismo.

El equilibrio entre materialismo y espiritualidad en los procesos revolucionarios

Uno de los elementos clave en la Revolución Rusa fue la adopción del materialismo dialéctico como ideología dominante. Esta corriente filosófica, inspirada en Karl Marx, rechaza cualquier noción de espiritualidad o trascendencia, basándose exclusivamente en la realidad material y en la lucha de clases como motor de la historia. Sin embargo, Rusia, en vísperas de la Revolución, era un país profundamente influenciado por la religión ortodoxa, las creencias populares místicas y las corrientes esotéricas que circulaban en los círculos aristocráticos e intelectuales.

El choque entre el materialismo impuesto por los bolcheviques y las creencias espirituales profundamente arraigadas en la sociedad rusa creó una tensión que no pudo resolverse fácilmente. A pesar de los esfuerzos del Estado para eliminar todas las formas de religión y misticismo, la espiritualidad continuó manifestándose de diversas maneras. Algunos líderes, como Lenin y Trotsky, vieron en el materialismo una herramienta fundamental para liberar a las masas del «opio del pueblo», pero no pudieron erradicar completamente las influencias esotéricas y religiosas que, aunque debilitadas, persistieron en el subconsciente cultural del país.

Es interesante observar que, mientras los bolcheviques defendían la construcción de un «nuevo hombre» basado en la ciencia y el materialismo, muchos de los intelectuales rusos, tanto dentro como fuera del régimen, seguían buscando una síntesis entre la espiritualidad y el progreso social. La idea de una «revolución espiritual», complementaria a la revolución política, era defendida por figuras como Alexander Scriabin y Daniil Andreev, quienes creían que el verdadero cambio en Rusia debía abarcar tanto lo material como lo espiritual.

Esta dualidad entre el materialismo revolucionario y las corrientes místicas plantea una cuestión fundamental: ¿Es posible una revolución puramente materialista sin considerar las profundas necesidades espirituales de una sociedad? En el caso de Rusia, parece que la respuesta es negativa. A lo largo de su historia, el país ha demostrado una tendencia hacia el misticismo, la espiritualidad y el esoterismo, elementos que resurgen incluso en los contextos más materialistas. Este equilibrio precario entre lo material y lo espiritual es un aspecto crucial para entender el legado de la Revolución Rusa.

¿Fue el ocultismo un motor de cambio o solo un reflejo cultural?

Uno de los temas recurrentes en este análisis es la cuestión de si el ocultismo jugó un papel activo en la Revolución Rusa o si fue simplemente un reflejo de las tensiones culturales y espirituales de la época. A primera vista, parecería que el ocultismo, a diferencia del marxismo, no desempeñó un papel directo en los eventos de 1917. Sin embargo, un examen más detallado revela que las corrientes esotéricas y místicas no solo influenciaron a ciertos individuos dentro de los movimientos revolucionarios, sino que también reflejaron un malestar más amplio con la modernidad y el sistema zarista.

El auge del ocultismo en la Rusia prerrevolucionaria, como hemos visto en capítulos anteriores, no fue un fenómeno aislado, sino parte de un movimiento más amplio de búsqueda de respuestas a las crisis políticas, sociales y espirituales que afectaban al país. Los movimientos como la teosofía y el martinismo atrajeron a aquellos que sentían que el materialismo y el racionalismo habían fallado en proporcionar una visión completa del mundo. La influencia de figuras como Rasputín, con su carisma místico y su cercanía al poder, es un recordatorio de cómo el esoterismo logró infiltrarse incluso en las esferas más altas de la política zarista.

En este sentido, el ocultismo fue tanto un motor de cambio como un reflejo de las tensiones culturales. Si bien no se puede afirmar que las ideas esotéricas hayan guiado directamente la acción revolucionaria, sí alimentaron el ambiente de transformación que precedió a la Revolución. En muchos aspectos, las corrientes esotéricas representaban una resistencia subterránea al racionalismo extremo y al materialismo, ofreciendo una alternativa espiritual en tiempos de incertidumbre.

Durante la etapa soviética, la represión del ocultismo bajo el régimen de Stalin mostró que el Estado lo percibía como una amenaza potencial a su control ideológico. Las sociedades esotéricas, con sus enseñanzas secretas y su énfasis en la transformación personal y cósmica, desafiaban la narrativa materialista oficial. Por tanto, el ocultismo, aunque marginado, continuó siendo un símbolo de resistencia intelectual y espiritual, un recordatorio de que las fuerzas espirituales no podían ser completamente erradicadas.

Conclusión: El enigma que sigue envolviendo a la Revolución Rusa y el ocultismo

La Revolución Rusa y el ocultismo siguen siendo temas profundamente entrelazados en el imaginario cultural, y su relación continúa siendo objeto de debate y especulación. Mientras que el materialismo marxista-leninista buscaba abolir todas las formas de espiritualidad, las corrientes esotéricas lograron sobrevivir y, en algunos casos, prosperar en los márgenes de la sociedad soviética.

Este enigma radica en cómo interpretar la influencia del ocultismo en la Revolución Rusa. Para algunos, fue simplemente una manifestación pasajera de un entorno intelectual en transición, mientras que para otros, las ideas esotéricas representaron una corriente subterránea de resistencia al racionalismo extremo y al dogmatismo del régimen. Lo que es innegable es que, tanto antes como después de la Revolución, el ocultismo continuó siendo una presencia significativa en la vida cultural rusa.

La Rusia contemporánea, con su renacimiento espiritual y su renovado interés en el misticismo, demuestra que las creencias esotéricas no desaparecieron, sino que se adaptaron a las nuevas realidades políticas y sociales. La popularidad de movimientos como el neopaganismo, las corrientes ocultistas y el resurgimiento de la masonería son testimonio de la resiliencia del esoterismo en la historia rusa.

En última instancia, el enigma del ocultismo y la Revolución Rusa refleja la eterna tensión entre la racionalidad y la espiritualidad, entre el deseo de progreso material y la búsqueda de trascendencia. La Revolución de 1917 fue, sin duda, un momento de transformación radical en la historia política y social de Rusia, pero también fue un momento en el que las viejas preguntas espirituales resurgieron bajo nuevas formas, desafiando las certezas de la modernidad y recordando que el alma humana siempre buscará algo más allá de lo tangible.

Así, la Revolución Rusa sigue siendo un fenómeno cargado de significados ocultos y abiertos a nuevas interpretaciones, tanto en su dimensión política como en su impacto espiritual. El misticismo, aunque relegado a los márgenes, continúa siendo un componente esencial para comprender el legado de la revolución y su influencia en la cultura rusa, e incluso mundial, hasta nuestros días.

BIBLIOGRAFÍA

Andreev, Daniil. *La rosa del mundo*. Madrid: Ediciones Siruela, 1995.

Blavatsky, Helena P. *La doctrina secreta: La síntesis de la ciencia, la religión y la filosofía*. Madrid: Editorial Humanitas, 1987.

Crowley, Aleister. *Magick Without Tears*. York Beach: Weiser Books, 1973.

Figes, Orlando. *La Revolución Rusa: La tragedia de un pueblo (1891-1924)*. Barcelona: Editorial Edhasa, 1998.

Guénon, René. *El reino de la cantidad y los signos de los tiempos*. Madrid: Ediciones Obelisco, 1994.

Lenin, Vladímir. *El Estado y la Revolución*. Madrid: Akal, 1974.

Parvus, Alexander. *La génesis de la revolución rusa*. Buenos Aires: Editorial Claridad, 1921.

Roerich, Nikolai. *Shambhala: En busca de la nueva era*. Madrid: EDAF, 2001.

Scriabin, Alexander. *Poema del éxtasis*. Moscú: Editorial Muzyka, 1910.

Steiner, Rudolf. *Los impulsos sociales de la historia y la vida futura de la humanidad*. Barcelona: Rudolf Steiner Press, 2000.

Steiner, Rudolf. *La filosofía de la libertad*. Barcelona: Editorial Rudolf Steiner, 1994.

Trotsky, León. *Historia de la Revolución Rusa*. Barcelona: Ediciones Ariel, 1973.

Trotsky, León. *Terrorismo y comunismo: Respuesta a Kautsky.* Madrid: Akal, 1977.

Volkogonov, Dmitri. *Trotsky: The Eternal Revolutionary.* Londres: HarperCollins, 1996.

Zizek, Slavoj. *El sublime objeto de la ideología.* Buenos Aires: Siglo XXI Editores, 2009.

GRACIAS POR COMPRAR
ESTE LIBRO.
DESCUBRE MÁS EN
NUESTRA WEB: